Idee / Text: Michael Kernbach
Cartoons / Illustration: Miguel Fernandez

7. Auflage 2025

© 2013 Lappan Verlag in der Carlsen Verlag GmbH,
Völckersstraße 14-20, 22765 Hamburg

ISBN 978-3-8303-4282-3

Mit Fragen zur Produktsicherheit
wenden Sie sich bitte an: carlsen.de/kontakt

Text: Michael Kernbach
Illustrationen: Miguel Fernandez
Herstellung und Gestaltung: Ulrike Boekhoff

FOLLOW US!
facebook.com/lappanverlag
Instagram.com/lappanverlag

Du hast es

Geschafft

Was Mann mit 65
nicht mehr tun muss!

Auf 60 machen

Reifer werden ist heute auch nicht mehr das, was es früher mal war. Und 65 ein Alter, das heutzutage längst keines mehr ist.

Schlaue Statistiker haben unlängst errechnet, dass ein heute 65-Jähriger im Schnitt noch weitere 22 Jahre vor sich hat.

Und zusätzlich gibt's noch drei Stunden Extratime, um die die Lebenserwartung täglich steigt. Wer da vom Lebensherbst labert, hat einen Riss im Rechenschieber. Ein Wunder, dass unsere Regierenden noch nicht auf den Dreh gekommen sind, das Rentenalter auf 85 hochzujazzen. Darum kann es bald ein echter Feldvorteil sein, älter zu wirken als man eigentlich ist. Sie sind also topfit und können jeden Morgen einen Baum ausreißen? Schön für Sie, aber: Das muss doch nicht gleich jeder wissen! Geben Sie nach außen hin lieber den Rollator-Abhängigen mit Medikamentenantrieb, damit keiner auf die Idee kommt, Ihnen die nächsten freien 25 Jahre mit so was wie Arbeit zu versauen.

Das Kleingedruckte lesen

Was von unserem Rechtsstaat zu halten ist, zeigt die Tatsache, dass jeder Hersteller oder Dienstleister seine betrügerischen Absichten nicht nur hegen, sondern sogar in seinen schurkischen Verträgen veröffentlichen darf. Und zwar, es ist kaum zu glauben, nicht etwa in großen roten Lettern, nein, sogar kleiner gedruckt als die anderen Passagen. Jeder weiß das, keiner tut was.

Was soll's. Ein Mann in den besten Jahren verfolgt die großen Dinge des Lebens und hat keinen Sinn für Kleingedrucktes. Soll sich der Handyvertrag doch bis ins 24. Jahrhundert verlängern und die Wasserschadenversicherung nur regulieren, wenn keine Flüssigkeit im Spiel war – das alles sind doch keine zentralen Fragen des Seins. Und dies alleine ist der Grund, warum ein voll gereifter Mann keine seitenlangen AGBs in Typo3 mehr liest. Äh, na gut, und außerdem sieht das mit der Lesebrille im Mobilfunk-Shop bei der süßen Beraterin so uncool aus. Schönheit hat nun mal ihren Preis. Und, auch das lehrt das Leben, je höher der ist, desto kleinegedruckter ist er auch.

Die Familie einladen

Das Leben eines Mannes teilt sich in drei Abschnitte: eine heitere Kindheit und Jugend, ein gelassenes Alter und die Zeit dazwischen, – die „Mordor-Years". Eine endlose Zeitstrecke, angefüllt mit Dämonen wie Chefs, Kunden und den Poltergeistern zu Hause.

Befallen von Pubertät, wirren Diätideen und immensem Geldhunger, war es oft der schiere Gedanke an diesen zu Hause lungernden Mob, der einem die Überstunden erträglich erscheinen ließ. Und jetzt, wo sich alle Plagegeister verzogen haben, wollen Sie die wieder zurückrufen? Halten Sie die Mischpoke bloß von der heimischen Wohnung fern. Es hat genug Fälle gegeben, bei denen Einzelne nicht wieder gegangen sind. Und das können Sie nicht wollen. Die bleiben womöglich für immer und ruinieren den Plan von der attraktiven russischen Duschhilfe, wenn es in vielen, vielen Jahren nicht mehr von selber geht.

Auf Ratschläge hören

Das Schwierigste am Älterwerden ist nicht, dass man älter wird. Sondern die anderen immer jünger. Und dümmer. Es ist kaum zu glauben, welche Milchbubis heute schon eine Polizeiuniform tragen oder in der Praxis den Herrn Facharzt mimen dürfen.

Was wissen die Klappspaten schon vom Leben, die haben doch noch Rückgabe-Garantie bei dem bisschen Lebenslaufzeit. Vergessen Sie darum alle Ratschläge, ohne die Sie ja auch bisher ganz prima ausgekommen sind. Um nervende Diskussionen mit dem Grünzeug im Keim zu ersticken, empfiehlt sich die bewährte Methode, nicht nur nicht auf Ratschläge zu hören, sondern das Hören als Tätigkeit bei Ärzten und Verwandten komplett einzustellen. Es gilt das „Erste Akustische Axiom": Je konsequenter Sie taub sind, desto stummer werden die Faltenfreien.

Promovieren

Soso, Sie finden, ein (weiterer) Doktor klingt verlockend? Weswegen das denn? Wegen der Studentinnen? Vergessen Sie es. Der Summer of Love ist lange her. Die Kommilitonen? Trinken Fassbrause und treffen sich statt am Tresen zum Zocken.

Seien Sie versichert, mit der Jugend von heute kann man nicht mal so viel Spaß haben wie mit einem 3-D-Puzzle des Taj Mahal. Und wenn es nur ums Angeben geht, kann man sich so einen Titel schließlich auch kaufen. Kleiner Tipp: Wenn es Ihnen nur um das soziale Upgrade geht, sollten Sie sich mit akademischen Graden gar nicht erst aufhalten. Lassen Sie sich lieber von einem König adoptieren, oder werden Sie Präsident eines unbewohnten Südsee-Atolls. Das macht doppelt so viel Eindruck und ist nicht halb so strafbar.

Zeit managen

Unter Männern Ihres Jahrgangs soll es Exemplare geben, die durch pures Zeitmanagement bis zu 75 Minuten aus einer Stunde herausgequetscht haben. Klar, die waren dadurch immer schneller als andere.

Schneller geschieden, schneller magenkrank, schneller in der Burn-out-Klinik. Sie haben in Ihrem Leben jetzt genug Zeit gespart, um Sie mit vollen Händen ausgeben zu können. Um wieder ein Gefühl für die wahre Dauer von Zeit zu bekommen, empfehlen sich Time-Stretching-Events wie etwa eine Vorlesung in theoretischer Mathematik. Sie werden sehen, Sie hatten vergessen, wie lang 60 Minuten sein können. Kleiner Spaßtipp: Verschwenden Sie nicht nur Ihre Zeit, sondern auch die von anderen. Machen Sie den Agenten vom Callcenter mit stundenlangem Nachfragen fertig, oder besuchen Sie die Bürgersprechstunde Ihres Abgeordneten, um ihm Ihre Lebensgeschichte vorzutragen. Time is on your side!

Aufstehen

Das kalendarische Alter jenseits der 60 bringt, dem guten alten Knigge sei Dank, so manche Bequemlichkeit mit sich. So ist es Ihnen, unabhängig von Ihrem tatsächlichen biologischen Zustand, ab sofort vergönnt, nie mehr aufstehen zu müssen.

Also, morgens schon – wenn Sie das wollen. Aber nicht mehr, wenn Kaiser, Kanzler, Frauen oder andere, dem Normalsterblichen vermeintlich überlegene Daseinsformen, den Raum betreten. Da heißt es in Zukunft: sitzen bleiben. Körpereinsatz können Sie ab sofort der Gegenseite abverlangen. Geben Sie sich schwerhörig und zwingen Sie so Ihr Gegenüber, sich tief zu Ihnen herunterzubeugen, insbesondere, wenn das Gegenüber weiblich und Anfang 20 ist und einen tiefen Ausschnitt trägt. Lassen Sie sich diesen Ausblick nicht entgehen. Sitting Bull lässt grüßen!

Nachdenken

Der Begriff „Nachdenken" impliziert ein menschliches Defizit, das Sie schon länger nicht mehr haben. Denn Nachdenken, das bedeutet schließlich auch: Nicht sicher zu wissen. Das ist spätestens ab 65 natürlich völliger Käse.

Sie haben doch nicht so viele Jahre damit verbracht, alles zu sehen, zu bewerten und in ein klares Urteil zu gießen, um jetzt noch immer nachzudenken. Lebenserfahrung toppt einfach alles. Und ob etwas gut, schlecht, schwarz oder weiß ist – da braucht man Ihnen doch nur den Zipfel einer Frage zeigen, und schon haben Sie die Antwort. Sollen die anderen ruhig sagen, das wäre Altersstarrsinn. Sie wissen es besser. Und zwar immer. Zu jedem Thema. Wozu da noch die Nachdenkerei? Viel zu anstrengend. Gerade in letzter Zeit, wo einem dauernd die Dings nie einfallen, die na, verflixt, eben diese ... naja, Nachdenken ist sowieso nur was fürs Jungvolk!

Etwas darstellen

Gerade mit steigendem Alter gibt es immer mehr Gründe, nicht nach hinten zu schauen. Das Fremdschämen für das eigene Verhalten in der Vergangenheit ist nämlich oft kaum auszuhalten. Denken Sie nur mal an sich selber, als junger Hüpfer, so um die 50 herum. Fette Autos, dicke Hose, große Klappe – das alles nur, um etwas darzustellen.

Ein Verhalten, das Ihnen heute sicher völlig abgeht. Ein Mann wie Sie, in den besten Jahren, stellt nichts mehr dar, er IST etwas. Und zwar reich an Erfahrung, voller Güte – und in Behandlung. Wegen Rücken, Blutdruck und dem Magen. Weswegen Sie heute auch wissen, warum Ihr Betriebsarzt immer so skeptisch guckte, wenn Sie weiland so dilettantisch die Beschwerden simulierten, mit denen Sie sich heute tatsächlich rumschlagen müssen. Auch da war Ihre Darstellung eher was zum Fremdschämen.

Etwas hinnehmen

Das Leben ist ein ewiger Krieg und besteht aus ungezählten Schlachten. Und die schlimmsten Phasen sind unbestritten die, die einen durch eine vollständige Niederlage zur widerspruchslosen Hinnahme eines Siegerdiktates zwingen. Gott sei Dank sind Sie nun nach 65 Jahren aus dem Kriegsdienst entlassen und führen als Veteran ein Leben, das keine Kapitulation mehr kennt.

Wer glaubt, Ihnen noch irgendwelche Regeln diktieren zu können, hat offensichtlich einen Riss in der Spule. Und übersieht das reichhaltige Arsenal an Defensivwaffen, das angehenden Senioren zur Abwehr von Fremdbestimmung zur Verfügung steht. Haben Sie sich früher darüber gewundert, warum Ihr eigener Vater oft urplötzlich nichts mehr hören konnte, auf einmal keine Treppe mehr hochkam oder alles vergaß? Nichts anderes als 1-a-Defensivverhalten, Lebenscatenaccio pur. Übernehmen Sie diese Haltung gegen jede Art von neuer Vorschrift oder Ansage und wandeln Sie auf dem entspannten Pfad der Weisen, gemäß dem schönen Sprichwort: Was ich nicht weiß, macht mir kein´ Schweiß.

Die Gunst der Stunde nutzen

Ein klarer Beweis fürs Erwachsensein ist, wenn man auch mal eine Gelegenheit entspannt an sich vorüberziehen lassen kann. Freie Drinks zum Beispiel, früher der Hauptgrund, eine Party zu besuchen, sind doch in der mittlerweile bevorzugten Qualität eher selten und obendrein schlecht fürs Blutbild.

Ähnlich verhält es sich mit dem zweiten Grund, dem zugegebenermaßen tendenziell auch eher seltener werdenden unerwarteten Zugriffsangebot auf Frischfleisch. Eine kurze Überschlagrechnung wird Ihnen schnell zeigen, dass man von den möglichen Folgekosten locker einen Elite-Escort-Service im Abo nehmen könnte. Blind zugreifen, nur weil sich eine Gelegenheit bietet, hat Ihnen sicher schon so viele verbrannte Finger eingebracht, dass auch Sie diese Lebensweisheit bestätigen können: Die heißesten Eisen fasst man am Besten mit der Kneifzange an.

Fernsehen

Wenn man ganz genau hinschaut, dann dreht sich doch alles eigentlich nur noch um Sie, die Generation Golden-Age. Kein Wunder. Gesund, viel Zeit, fette Rente und auch sonst was gespart – da können die ganzen prekär beschäftigten Hungerhaken aus den Nachfolgegenerationen nicht mal auf Zehenspitzen heranreichen.

Deshalb gehört Fernsehen – auch wenn selbst das immer mehr auf Ihre Bedürfnisse zugeschnitten ist – bei dem Angebot von Ü40-Party bis Weingut-Marathon in Bordeaux, das einen Mann wie Sie erwartet, natürlich nicht auf Ihre To-do-Liste. Genießen Sie lieber den Trubel um Ihre Generation. Für den Fernsehsessel ist in 25 Jahren immer noch Zeit!

Nachgeben

Wissen Sie, warum ein Mann überhaupt Falten bekommt? Diese Hautveränderungen sind ausschließlich dafür da, den anderen Mann-Tieren die mit den Jahren stetig wachsende Unnachgiebigkeit zu signalisieren. Stellen Sie sich mal Clint Eastwood oder John Wayne ohne Falten vor.

Lächerlich. Gerüchte besagen, dass Chuck Norris sogar schon mit Falten zur Welt gekommen sei und bereits im Kreißsaal unnachgiebig für Ordnung gesorgt habe. Falten, Sie sehen die Kohärenz, sind also Ausdruck Ihres genetischen Auftrags, nie wieder nachzugeben. Ob im Recht oder Unrecht, spielt erst mal keine Rolle. Gerade der Rechtsbegriff ist ja auch ein launischer Gesell, und wer heute noch empört Ihren Widerstand beschimpft, wird Sie morgen dafür vielleicht schon preisen. Oder auch nicht. Egal. Hauptsache, Sie geben nicht mehr nach und erfüllen Ihre biologische Mission.

WENN MARILYN MONROE
65 GEWORDEN WÄRE

Sich engagieren

Der Ruhestand, dieses viel zu späte Paradies der Erwerbstätigkeit, verliert leider oftmals erheblich an Glanz, je näher er rückt. Und zwar insbesondere für das eigene familiäre Umfeld, das sich in den letzten Jahrzehnten so prächtig parasitär an den Früchten Ihres Fleißes genährt hat.

Dieser Kuchen ist oft so genau aufgeteilt, da ist für einen schnöden Ex-Werktätigen wie Sie eigentlich kein Platz mehr. Darum wird man möglicherweise versuchen, Sie outzusourcen. Beliebt sind hier Rennräder oder Golfplätze, aber auch das Ehrenamt wird gerne als Ruheständlerklappe genutzt. Wenn also das häusliche Gespräch immer wieder die Wendung nimmt, dass Ihre Weisheit und Ihre Erfahrung einer breiten Öffentlichkeit zur Verfügung stehen müssten, heißt es: Obacht! Lassen Sie sich vor keinen Karren spannen. Wenn schon engagieren, dann höchstens so eine nette kleine Polin, die Ihnen aus der Zeitung vorliest. Engagement kann ja auch schöne Seiten haben!

Vernunft annehmen

Die Binsenweisheit „Alles, was Spaß macht, ist verboten, macht dick oder ist zu teuer", haben Sie in den vergangenen 6,5 Jahrzehnten höchstwahrscheinlich mehr als einmal als völlig zutreffend bestätigen müssen. Okay, mag ja sein, dass der meiste Spaß wider jeder Vernunft ist.

Nur, was geht SIE das noch an? Fürchten Sie etwa eine Abmahnung vom Chef? Krach mit der Holden? Schiefe Blicke der Nachbarn? Nee, nicht wirklich, oder? Wenn Udo Jürgens recht hatte und das Leben wirklich erst mit 66 richtig losgeht, heißt es ab sofort: Anlauf nehmen. Alles, was Sie für altersgerechte Vergnügungen suchen, finden Sie bei WWW. Nein, nicht wieder dieses Interdings. Wein, Weiber, Weiche Drogen sind der Garant für heitere Stunden auf der Spaßseite des Lebens. Vernünftig sein können Sie auch noch, wenn Sie danach nicht mehr krauchen können. Viel Spaß!

VERNUNFT

Lügen/Komplimente machen

Die Lüge ist die Wahrheit der Schwachen, hat einmal ein kluger Mann gesagt. Wobei mal wieder keiner klar die Grenze setzt, wo eine Lüge eigentlich beginnt. Das lebenslange Entlangtasten an dieser unsichtbaren Grenze nennt man Fingerspitzengefühl, eine Fähigkeit, auf die Sie in Zukunft getrost verzichten können.

Und zwar deshalb, weil Sie als lebenslanger Grenzgänger den Verlauf dieser sozialen Demarkationslinie sehr genau kennen. Und erst mit dieser Kenntnis macht der Sprung in den Fettnapf richtig Spaß. Das, was früher als ein Fauxpas, ein Ausrutscher, eine ungelenke Äußerung für wochenlange Selbstdemütigungen sorgen konnte, ist heute als kontrollierter verbaler Abwurf geeignet, jede Gesellschaft zu sprengen und selbst eine lebenslange Freundschaft innerhalb von Minuten zu zerstören. Wahrheit, vor allem offensichtliche Wahrheit, offen ausgesprochen, das ist eine Macht, die stärker ist als alle spitzen Bemerkungen, mit denen die Weiber Ihr Leben vergiftet haben mögen. Probieren Sie das an Ihrer Nachbarin gleich mal aus!

Interesse zeigen

Genauer betrachtet, wird das Leben ab 50 zur endlosen Wiederholung einer Reality-Soap. Da das Lernen aus Fehlern offenbar ein individuelles und nicht teilbares Erlebnis bleibt, sieht man sich der Tortur ausgesetzt, immer und immer wieder dabei zuschauen zu müssen, wie das nachwachsende Personal ständig an gleicher Stelle die gleichen Fehler macht.

Langweilig! Wer will es Ihnen da übel nehmen, wenn Sie bei der gefühlt 1000sten Lebensbeichte vom Schreikind, ruinösem Hausbau oder der untreuen Schlampe, statt Interesse zu heucheln, einfach mittendrin wortlos aufstehen und vier Wochen in den Urlaub fahren? Okay, wahrscheinlich jeder, aber seien Sie sicher, wenn das Grünzeug Ihr Alter erreicht hat, wird es Sie verstehen. Außerdem werden die Quarkspeisen dereinst in vielen Jahren auch nicht stundenlang Ihren Memoiren lauschen. Es ist also nichts anderes als vorgreifend ausgleichende Gerechtigkeit!

Golf spielen

Was dem Indianer früher der Wald mit Wölfen und dem europäischen Bauern das zugige Altenteil gewesen ist, findet heute sein grausames Äquivalent auf dem Golfplatz, wohin seit einigen Jahren ungezählte Macher und Gewinner von ihren gierigen Nachkommen abgeschoben werden. Lassen Sie sich von der gepflegten Idylle nicht täuschen.

Auf dem Rasen ist wie unter dem Rasen, nur umgekehrt. Lassen Sie sich nicht das beste Drittel Ihres Lebens durch Handicaps versauern, die Sie eigentlich gar nicht haben. Das Leben ist zu schön, um es auf 18 Löcher zu beschränken, zumindest, wenn man die Ihnen unbedingt aufschwatzen möchte. Sollte es sich beim Golfclub allerdings um ein sicheres Refugium vor Kindern, Geschäfts- oder Lebenspartnern handeln, machen Sie ruhig weiter so. Dann gilt in Ihrem Fall: Kein Golf ist auch keine Lösung!

Andere alt aussehen lassen

65, reden wir nicht drum rum, ist definitiv kein postpubertäres Alter mehr. Es ist sogar eher so, dass nun zwei Drittel aller Bundesbürger statistisch gesehen jünger sind als Sie. Allein schon dieses Faktum gibt einen Hinweis auf die Anstrengungen, die nötig wären, andere alt aussehen zu lassen.

Sparen Sie sich darum diesen Tanz, zumindest, was den Kampf an der Oberfläche angeht. Nutzen Sie die Zeit, die andere für stundenlanges Aufbrezeln verschwenden, lieber sinnvoll. Für einen Italienischkurs, Tangostunden und einen Sommelier-Workshop oder was ein talentierter Hochstapler noch so drauf haben sollte. Und sehen Sie dann, wer beim nächsten Abendessen 9 von 10 Punkten bei den Mädels macht, und wer alt aussieht – trotz Sixpack und manikürter Finger. Denn ein Mann von Welt und Jahren weiß genau: Die meisten Frauen sind nicht so doof, wie Männer glauben.

Auf den Arzt hören

Was von selbst kommt, geht von selbst, und was ich nicht weiß, macht mich nicht heiß – das waren bisher die Mantras Ihrer robusten Gesundheit. Und das völlig zu Recht, denn was man von Ärzten zu halten hat, wurde einem immer genau dann klar, wenn die Mantras nicht mehr halfen.

Dann war vom Herrn Doktor oft genug auch nix zu erwarten. Trotzdem sollten Sie regelmäßige Arztbesuche nun zur guten Gewohnheit werden lassen. Die Vorteile sind vielfältig: Es gibt reichlich aktuelle Zeitschriften, nette Gesprächspartner zum Austauschen von Krankheitssymptomen und sexy Mädels in Uniform. Und außerdem ist Ihre verbriefte Gesundheit der sicherste Schutzschild gegen feindliche Übernahmeversuche auf Ihr Hab und Gut durch Ihre Erben. Mit einem aktuellen Check-up in der Tasche wird es denen kaum gelingen, Ihnen ein Siechtum einzureden.

Statistiken glauben

Statistisch ist jeder Vierte in Ihrer Familie ein Chinese, von denen wiederum jeder Vierte auf Hartz IV angewiesen ist. Statistisch gesehen haben Ihre Lebensgewohnheiten, von Autofahren über Biertrinken bis rotes Fleisch essen, Sie bereits mehrfach das Leben gekostet.

Sie sind also mit einer hohen Wahrscheinlichkeit ein chinesischer Untoter, der Hartz IV bezieht. So viel zur Glaubwürdigkeit von Statistiken. Wenn also der Praxis-Sheriff wieder mal versucht, Ihnen durch Bangemachen per Statistik Änderungen im Lebenswandel abzuringen, denken Sie mal darüber nach, warum der Pillendealer sowas tut. Wovon lebt denn so ein Arzt? Von Gesunden? Oder von Kranken? Und wer hat die Statistik in Auftrag gegeben? Na? Glauben Sie darum auch weiterhin keiner Statistik, die Sie nicht selbst gefälscht haben, und lachen Sie Ihren Arzt öfter mal aus. Sie wissen doch, Lachen ist die beste Medizin!

Durchhalten

Dass Frauen nicht wirklich endbelichtet sein können, zeigt am sichersten die Tatsache, dass sie mit der armen Kreatur Mann gleichgestellt sein wollen. Wenn DIE wüssten. Allein, was Sie in den letzen 6,5 Jahrzehnten alles aushalten mussten.

Beim Sport, beim Saufen, beim Sex, auf der Arbeit, bei den Schulaufführungen Ihrer Kinder – das kann man doch unmöglich auch alles wollen. Noch dazu freiwillig. Aber verstehe einer die Weiber. Egal, bei Ihnen wirkt die Gnade des vermeintlichen Alters, die Sie nun aus dieser Zwangsfolter des andauernden Durchhaltens entlässt. Statt Durch- heißt es jetzt eher mal Anhalten, und zwar am besten mitten auf der Straße im Berufsverkehr, zum Durchpusten. Oder Festhalten, etwa im Bus, wenn sich ein anatomisch spannender Anpack bietet. Es gilt ab 65: Halten ja, aber immer schön Haltersgerecht. Halter Schwede!

Einen Baum pflanzen

Das berühmte Triptychon der Lebensaufgaben eines Mannes lautet: Haus bauen, Sohn zeugen, Baum pflanzen. Klingt vernünftig und machbar. Sollten Sie allerdings bisher auf den benannten Tätigkeitsfeldern inaktiv gewesen sein, rät es sich, das Pflanzen von Bäumen weiterhin hintenanzustellen.

Erstens macht das Zeugen von Söhnen viel mehr Spaß und verspricht spannende Begegnungen mit jüngeren Frauen, und zweitens ist der Hausbau im Sachzusammenhang mit Übung eins eine logische Folgetätigkeit. Dagegen kann das Bäumepflanzen kaum anstinken. Sicher, es ist eine ökologisch wertvolle Handlung, aber ehrlich, bis aus so einem Stengel mal ein Baum wird, haben Sie doch längst Ihr neues Haus mit einer selbstgezeugten Fußballmannschaft aufgefüllt. Auch hier zeigt sich also: In der Beschränkung liegt der Meister.

Sich unterordnen

Wenn man 65 ist, weiß man, was alles nie im Leben funktionieren wird. Kommunismus zum Beispiel. Die dort angestrebte völlige Gleichheit passt nun mal nicht zum Menschen. Zumindest bis zum 65. Lebensjahr. Denn spätestens jetzt kann man das ganze Alphatier-Getue endlich aufgeben.

Als Gamma-Männchen genießen Sie nun alle Vorteile eines Gruppenmitglieds, das dank des silbrigen Seniorenrestflaums von Angriffen verschont bleibt und deshalb auch überhaupt keinen Grund mehr hat, sich irgendwo unterzuordnen. Rentner, das Wort stammt von Renitenz und verpflichtet Sie nachgerade zu Sturköpfigkeit, Uneinsichtigkeit und anarchischen Verhaltensweisen. Über Ihnen – da ist nur noch der Himmel, die von Ihnen verehrte Gottheit und natürlich das Finanzamt. Unterordnung war vielleicht das halbe Leben, die andere Hälfte kommt jetzt erst!

Einen Fuß in der Tür halten

Wenn es auf diesem Erdenrund ein göttlich inspiriertes Menschenwerk gibt, dann ist es die Türe. Ende, Anfang, Transformation, Durchgang, Teilhabe oder Ausschluss – Türen sind eine transzendente Metapher der Extraklasse. Kein Wunder, dass man sein Leben lang versucht, in möglichst vielen davon einen Fuß drin zu haben.

Wer mag das schon, wenn eine Tür zufällt? Das gar für immer? Was aber hat andererseits diese 1000-füßige Dauergrätsche eigentlich gebracht, außer einem Schnupfen wegen des ständigen Durchzugs? Man ist nicht drin, man ist nicht draußen, es ist wie zu einer Party mit dem Auto zu fahren. Man guckt am Ende zu, wie andere ihren Spaß haben. Nehmen Sie deshalb doch einfach mal aus allen Türen den Fuß und gucken Sie, welche von selber aufbleiben. Um die, die zufallen, ist es wahrscheinlich gar nicht schade. Außer, es gibt ganz am Ende tatsächlich sowas wie die Himmelstüre, das könnte unter Umständen problematisch werden. Aber bis dahin ist ja noch ein Haufen Zeit!

Ordnung halten

Wenn Ordnung das halbe Leben ist, dann ist diese Hälfte nun definitiv für Sie vorbei! Denn in jedem Menschen, ja auch in Ihnen, wohnt kreatives Chaos, das befreit werden will. Wenn Ihnen der Sprung aus Ihrer fein geregelten bürgerlichen Existenz in das Tohuwabohu der schöpferischen Freiheit Angst machen sollte, dann fangen Sie besser klein an.

Werfen Sie eine Handvoll Buntstifte auf Ihren Arbeitsplatz und zwingen Sie sich, sie nicht zu ordnen. Oder kleben Sie Ihre Post-it-Zettel in einer Formation, die eine Kuh zeigt. Oder die Umrisse der „Guernica" von Picasso. Gehen Sie täglich weiter und versuchen Sie das Undenkbare. Tragen Sie das Hemd vom Vortag oder lassen Sie die Rasur aus. Gurgeln Sie mit Wermut und rauchen Sie zum Frühstück. Das Klischee vom Künstler als Clochard wird Ihnen Zugang zu Ihrem kreativen Potential verschaffen. Und wenn es nicht klappt, dann war es eine aufregende soziale Erfahrung, die Ihnen sicher geholfen haben wird, Ihren ohnehin zu großen Bekanntenkreis deutlich zu lichten.

Party machen

Ein Mann in Ihrem Alter macht keine Party mehr, er lässt Party machen! Und zwar a) in schöner Regelmäßigkeit und b) mit einem klar umrissenen Fetenmittelpunkt – sich selber nämlich. Als junger Schnösel mag es Ihnen vielleicht gereicht haben, dahin zu gehen, wo die Puppen tanzen.

Heute ist es unerlässlich, dass die Puppen um SIE herum tanzen. Und dabei nur nette Sachen sagen. Die dürfen ruhig gelogen sein. Nutzen Sie die Tatsache, dass der Umstand der sich rasant verlängernden Lebenserwartung irgendwie nicht im Bewusstsein Ihrer Verwandten ankommen will und jeder Geburtstag ab dem 65. wie ein Naturwunder begangen wird. Tipp: Bitten Sie Ihre Töchter, Neffen oder wer sonst noch in Ihrer Mischpoke um die 20 ist, darum, doch mal ein paar Freundinnen mitzubringen. Und wenn das klappt, dann ran an die Buletten! Schließlich sind SIE der Star des Abends, und bei Stars geht doch immer was.

Gartenarbeit

Kennen Sie das Weihnachtssyndrom? Ein mit Erwartung so überladener Termin, dass er praktisch nur in einer Katastrophe enden kann? Ähnlich verhält es sich mit den Ruhestandsperspektiven, mit denen man sich ein Arbeitsleben lang getröstet hat.

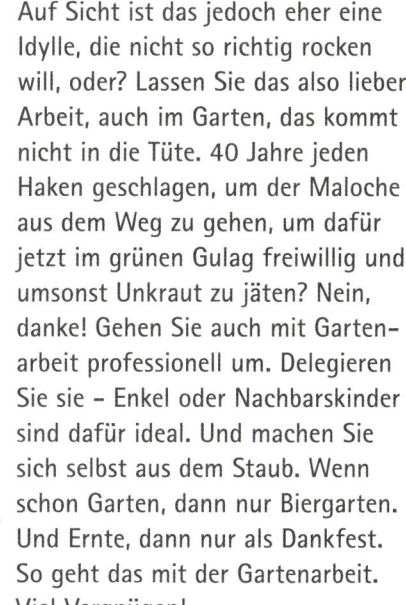

Parkbank, Enkel, Garten. Klingt toll – so lange es weit genug weg ist. Auf Sicht ist das jedoch eher eine Idylle, die nicht so richtig rocken will, oder? Lassen Sie das also lieber. Arbeit, auch im Garten, das kommt nicht in die Tüte. 40 Jahre jeden Haken geschlagen, um der Maloche aus dem Weg zu gehen, um dafür jetzt im grünen Gulag freiwillig und umsonst Unkraut zu jäten? Nein, danke! Gehen Sie auch mit Gartenarbeit professionell um. Delegieren Sie sie - Enkel oder Nachbarskinder sind dafür ideal. Und machen Sie sich selbst aus dem Staub. Wenn schon Garten, dann nur Biergarten. Und Ernte, dann nur als Dankfest. So geht das mit der Gartenarbeit. Viel Vergnügen!

Umziehen

Ein Mann von 65 Jahren braucht kein Stützkorsett aus Stoff, das seine Reputation liftet. Das ist der Grund dafür, dass Männer in früheren Zeitaltern irgendwann den Arbeitskittel nicht mehr ablegten oder, aus praktischen Erwägungen, sogar im Anzug schlafen gingen.

Verzichten Sie darum zukünftig darauf, mit Mode auf Ereignisse zu reagieren. Wählen Sie Ihre Kutte für die Ewigkeit, Ihr „That's me"-Outfit und tragen Sie es stoisch 24 Stunden lang an 365 Tagen im Jahr. Es ist egal, ob es eine Motorradkombi, ein Trainingsanzug oder ein Kaftan ist. Es sollte nur SIE repräsentieren. Vorsicht allerdings, wenn Ihre Wahl auf ein Batman-Kostüm oder eine Ritterrüstung fallen sollte. Es gibt zwar keine Kleidungsverbote in Deutschland, aber es sind schon viele wegen weniger eingeliefert worden. Wear, but take care!

Bier trinken

Warum Männer immerzu Bier trinken, ist trotz seiner gesellschaftlichen und wirtschaftlichen Relevanz bisher völlig unerforscht. Vermutlich handelt es sich beim Bier, ähnlich wie bei den Kokablättern in den Anden, um das sicherste Anästhetikum, ... um den wilden Krieger gefügig in seiner Lohnsklaverei und familiären Wohnhaft zu halten und ihn trotzdem nicht in seiner Betriebsfähigkeit zu beschädigen. Denn, ginge es beim Bier um Rausch oder Geschmack, wären alle Brauereien längst pleite. Wie soll ein Wasser-Gerstengemisch wie Kölsch am Gaumen gegen einen Pavillac anstinken, oder bei der Wirkung gegen Brennspiritus? Ab jetzt heißt es, wenn schon trinken, dann richtig. Aber Vorsicht, hüten Sie nach einer Kreuzverkostung der Cocktail-Karte Ihre Zunge. Die geballte Faustformel „Iss, was da ist, trink, was klar ist, sag, was wahr ist" hat schon so manchen ein paar Schneidezähne gekostet!

Geschafft

LAPPAN.DE
LAPPANKALENDER.DE

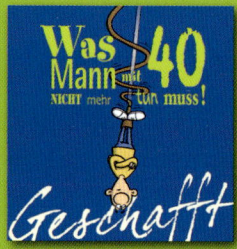